{ 40首活潑的歌謠，讓爸爸媽媽陪孩子一起動動手指頭、動動身體！ }

親子律動
歡樂歌謠

內附
精選歌謠
CD

Rhythm Songs For Kids

風車圖書
WINDMILL

目錄

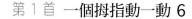

〔第1首〕

"一個拇指"
動一動

"一個拇指動一動"

一個拇指動一動
一個拇指動一動
大家唱歌
大家跳舞
真快樂

〔遊戲說明〕 這是一個手指運動。

動作一　　動作二　　動作三　　動作四

依歌詞所示，動動拇指頭，再將五指張開，每個手指左右動一動，再拍手三下後結束。

7

〔第2首〕

"我家切"

"我家切"

切（くせ）切（くせ）切（くせ）　　我（ㄨㄛ）家（ㄐㄚ）的（ㄉㄜ）

我（ㄨㄛ）家（ㄐㄚ）的（ㄉㄜ）　　我（ㄨㄛ）家（ㄐㄚ）切（くせ）

我（ㄨㄛ）家（ㄐㄚ）的（ㄉㄜ）公（ㄍㄨㄥ）雞（ㄐㄧ）我（ㄨㄛ）家（ㄐㄚ）切（くせ）

我（ㄨㄛ）家（ㄐㄚ）的（ㄉㄜ）母（ㄇㄨ）雞（ㄐㄧ）我（ㄨㄛ）家（ㄐㄚ）切（くせ）

我（ㄨㄛ）家（ㄐㄚ）的（ㄉㄜ）小（ㄒㄧㄠ）雞（ㄐㄧ）我（ㄨㄛ）家（ㄐㄚ）切（くせ）

 〔遊戲說明〕　這是一個切拍運動。

動作一　　　動作二　　　動作三　　　動作四

　先攤開自己的左手平放，依歌曲的節拍用右手先拍自己的左手，再拍對方的左手。重複上列的動作，也可以用猜拳決定誰是小雞喔！

〝握緊拳頭〞

握緊拳頭　打開拳頭

拍拍手掌　擺一擺手

握緊拳頭　打開拳頭

把兩隻胳臂向上舉

眼睛兩個　耳朵兩個

鼻子一個　嘴巴一個

〔遊戲說明〕　這是一個手部伸展的律動。

動作一　　　動作二　　　動作三

　小朋友依照歌曲的節拍及歌詞的內容做動作，藉此更可認識身體的部位，並能訓練聽與動的協調統合性。

〔第4首〕

"大拇哥"

"大拇哥"

大ㄉㄚ拇ㄇㄨ哥ㄍㄜ　　二ㄦ拇ㄇㄨ弟ㄉㄧ

中ㄓㄨㄥ指ㄓ頭ㄊㄡ　　四ㄙ小ㄒㄧㄠ弟ㄉㄧ

小ㄒㄧㄠ妞ㄋㄧㄡ妞ㄋㄧㄡ　　來ㄌㄞ看ㄎㄢ戲ㄒㄧ

手ㄕㄡ心ㄒㄧㄣ　　手ㄕㄡ背ㄅㄟ

心ㄒㄧㄣ肝ㄍㄢ寶ㄅㄠ貝ㄅㄟ

 〔遊戲說明〕　這是一個伸展手指的親子遊戲。

動作一　　動作二　　動作三　　動作四

　媽媽可用自己的雙手，協助孩子依照歌詞內容，幫助小朋友伸展、拉開手指的關節。

〔第5首〕
"放雞鴨"

"放雞鴨"

- -

一ㄧ 放ㄈㄤ 雞ㄐㄧ　　　二ㄦ 放ㄈㄤ 鴨ㄧㄚ

三ㄙㄢ 分ㄈㄣ 開ㄎㄞ　　四ㄙ 相ㄒㄧㄤ 疊ㄉㄧㄝ

五ㄨˇ 搭ㄉㄚ 胸ㄒㄩㄥ　　六ㄌㄧㄡ 拍ㄆㄞ 手ㄕㄡ

七ㄑㄧ 紡ㄈㄤ 紗ㄕㄚ　　八ㄅㄚ 摸ㄇㄛ 鼻ㄅㄧ

九ㄐㄧㄡ 拉ㄌㄚ 耳ㄦ　　十ㄕˊ 撿ㄐㄧㄢ 起ㄑㄧ

 〔遊戲說明〕　這是一個丟沙包遊戲。

動作一　　　動作二　　　動作三　　　動作四

　　準備三個沙包或小糖果，依歌詞中的數量及動作，按照順序拋接，也能藉此認識身體的部位。

〔第6首〕
“你很高興”
你就拍拍手

"你很高興你就拍拍手"

你ㄋㄧˇ很ㄏㄣˇ高ㄍㄠ興ㄒㄧㄥ你ㄋㄧˇ就ㄐㄧㄡˋ

拍ㄆㄞ拍ㄆㄞ手ㄕㄡˇ（×2）

大ㄉㄚˋ家ㄐㄧㄚ一ㄧˋ起ㄑㄧˇ唱ㄔㄤˋ呀ㄧㄚ˙

大ㄉㄚˋ家ㄐㄧㄚ一ㄧˋ起ㄑㄧˇ跳ㄊㄧㄠˋ呀ㄧㄚ˙

圍ㄨㄟˊ個ㄍㄜ˙圓ㄩㄢˊ圈ㄑㄩㄢ盡ㄐㄧㄣˋ情ㄑㄧㄥˊ

歡ㄏㄨㄢ笑ㄒㄧㄠˋ拍ㄆㄞ拍ㄆㄞ手ㄕㄡˇ

〔遊戲說明〕　這是一個拍手唱和的節奏活動。

動作一　　　　　　動作二　　　　　　動作三

　除了唱和很愉快外，也可訓練孩子的節奏感及練習對應語詞。

〔第7首〕

"拔蘿蔔"

"拔蘿蔔"

拔ㄅㄚ 蘿ㄌㄨㄛ 蔔ㄅㄛ　　拔ㄅㄚ 蘿ㄌㄨㄛ 蔔ㄅㄛ

嘿ㄏㄟ 喲ㄧㄠ 嘿ㄏㄟ 喲ㄧㄠ 拔ㄅㄚ 蘿ㄌㄨㄛ 蔔ㄅㄛ

嘿ㄏㄟ 喲ㄧㄠ 嘿ㄏㄟ 喲ㄧㄠ 拔ㄅㄚ 不ㄅㄨ 動ㄉㄨㄥ

小ㄒㄧㄠ 黃ㄏㄨㄤ 狗ㄍㄡ　　快ㄎㄨㄞ 快ㄎㄨㄞ 來ㄌㄞ

快ㄎㄨㄞ 來ㄌㄞ 幫ㄅㄤ 我ㄨㄛ 們ㄇㄣ

拔ㄅㄚ 蘿ㄌㄨㄛ 蔔ㄅㄛ

 〔遊戲說明〕　這是一個親子拔河的遊戲。

動作一　　　　動作二　　　　動作三

　讓參與的孩子或家長扮演蘿蔔，配合歌曲中的情境把大家連接起來，一起拔蘿蔔。

〔第8首〕

"一隻牛"
要賣五千元

"一隻牛要賣五千元"

歡（ㄏㄨㄢ）迎（ㄧㄥ）來（ㄌㄞ）到（ㄉㄠ）牛（ㄋㄧㄡ）市（ㄕ）場（ㄔㄤ）

選（ㄒㄩㄢ）一（ㄧ）頭（ㄊㄡ）牛（ㄋㄧㄡ）要（ㄧㄠ）

五（ㄨˇ）千（ㄑㄧㄢ）元（ㄩㄢ）

牠（ㄊㄚ）眼（ㄧㄢˇ）睛（ㄐㄧㄥ）有（ㄧㄡˇ）神（ㄕㄣˊ）

力（ㄌㄧˋ）量（ㄌㄧㄤˋ）（氣（ㄑㄧˋ））大（ㄉㄚˋ）

跑（ㄆㄠˇ）起（ㄑㄧˇ）步（ㄅㄨˋ）來（ㄌㄞˊ）呼（ㄏㄨ）嘎（ㄍㄚˊ）嘎（ㄍㄚˊ）

 〔遊戲說明〕　這是一個親子鬥牛遊戲。

動作一　　　　　動作二　　　　　動作三

　由媽媽拿一條毛巾當作鬥牛士的鬥牛紅巾，小朋友則用兩手的食指和中指放在頭上當牛角，親子一起配合歌曲做鬥牛的活動。

〔第9首〕

"猜拳歌"

"猜拳歌"

好ㄏㄠ朋ㄆㄥ友ㄧㄡ

我ㄨㄛ們ㄇㄣ行ㄒㄧㄥ個ㄍㄜ禮ㄌㄧ

握ㄨㄛ握ㄨㄛ手ㄕㄡ呀ㄧㄚ來ㄌㄞ猜ㄘㄞ拳ㄑㄩㄢ

石ㄕ碰ㄆㄥ布ㄅㄨ呀ㄧㄚ

看ㄎㄢ誰ㄕㄟ贏ㄧㄥ

輸ㄕㄨ了ㄌㄜ就ㄐㄧㄡ要ㄧㄠ跟ㄍㄣ我ㄨㄛ走ㄗㄡ

 〔遊戲說明〕 這是一個猜拳遊戲。

動作一　　　　　動作二　　　　　動作三

跟著歌曲中的音樂和歌詞做動作，並在「石碰布呀看誰贏」這句歌詞時進行猜拳，輸的就要排到勝者的後面去。

〔第10首〕

"跳舞歌"

"跳舞歌"

來（ㄌㄞˊ）來（ㄌㄞˊ）來（ㄌㄞˊ）　大（ㄉㄚˋ）家（ㄐㄧㄚ）來（ㄌㄞˊ）

拉（ㄌㄚ）成（ㄔㄥˊ）個（ㄍㄜˋ）圈（ㄑㄩㄢ）

一（ㄧ）二（ㄦˋ）三（ㄙㄢ）　一（ㄧ）二（ㄦˋ）三（ㄙㄢ）

整（ㄓㄥˇ）齊（ㄑㄧˊ）好（ㄏㄠˇ）看（ㄎㄢˋ）

來（ㄌㄞˊ）來（ㄌㄞˊ）來（ㄌㄞˊ）　大（ㄉㄚˋ）家（ㄐㄧㄚ）來（ㄌㄞˊ）

拉（ㄌㄚ）成（ㄔㄥˊ）個（ㄍㄜˋ）圈（ㄑㄩㄢ）

轉（ㄓㄨㄢˇ）一（ㄧ）轉（ㄓㄨㄢˇ）　跳（ㄊㄧㄠˋ）一（ㄧ）跳（ㄊㄧㄠˋ）

從（ㄘㄨㄥˊ）早（ㄗㄠˇ）到（ㄉㄠˋ）晚（ㄨㄢˇ）

〔遊戲說明〕　這是一個跳躍運動。

動作一　　　　動作二　　　　動作三

　跟著音樂節奏和歌詞跳躍轉圈，當然父母也可以自己設計動作，讓孩子模仿並運動身體。

"舉起雙手擺一擺"

舉起雙手擺一擺

舉起雙手擺一擺

繞幾個圓圈

跟我來

跳一跳　　多暢快

 〔遊戲說明〕　這是一個伸手運動。

動作一　　　　動作二　　　　動作三　　　　動作四

　請小朋友伸長手臂運動，儘量不要彎曲胳臂，伸展手臂及上背部的筋肉，最後緩緩放下雙手並調整呼吸。

〔第12首〕

"踏步向"
前進

"踏步向前進"

小朋友們踏步
向前進
舉起小腳用力
踏踏踏
一二一二太陽
也笑哈哈
我們大聲唱又跳
呼啦啦哇哈哈
抬腳用力踏

 〔遊戲說明〕 這是一個踏腳運動。

動作一　　　　動作二　　　　動作三

　帶領小朋友跟著音樂的節拍原地踏步或繞著廣場走，當然，要請小朋友們開心大笑喔！

〔第13首〕

"潑水歌"

"潑水歌"

昨天我打從你門前過
你正提著水桶往外潑
潑在我的皮鞋上
路上的行人笑得咯咯咯
你什麼話也沒有對我說
你只是瞇著眼睛望著我
嚕啦啦嚕啦啦嚕啦嚕啦嘞
嚕啦啦嚕啦啦嚕啦嚕啦嘞
嚕啦啦嚕啦啦嚕啦嚕啦嘞
嚕啦嚕啦嚕啦嘞

〔遊戲說明〕　這是一個扭體運動。

動作一　　　　動作二　　　　動作三

　依歌曲的節奏，做提水桶往外潑的動作，用力先左後右做動作，最後還可用毛巾做洗澡搓背的扭體動作，非常有趣喔！

"捕魚歌"

白（ㄅㄞ）浪（ㄌㄤ）滔（ㄊㄠ）滔（ㄊㄠ）我（ㄨㄛ）不（ㄅㄨ）怕（ㄆㄚ）

掌（ㄓㄤ）穩（ㄨㄣ）舵（ㄉㄨㄛ）兒（ㄦ）往（ㄨㄤ）前（ㄑㄧㄢ）划（ㄏㄨㄚ）

撒（ㄙㄚ）網（ㄨㄤ）下（ㄒㄧㄚ）水（ㄕㄨㄟ）到（ㄉㄠ）魚（ㄩ）家（ㄐㄧㄚ）

捕（ㄅㄨ）條（ㄊㄠ）大（ㄉㄚ）魚（ㄩ）笑（ㄒㄧㄠ）哈（ㄏㄚ）哈（ㄏㄚ）

嗨（ㄏㄞ）唷（ㄜ）咿（ㄧ）呀（ㄚ）咿（ㄧ）唷（ㄜ）

嗯（ㄣ）嗨（ㄏㄞ）唷（ㄜ）（×4）

 〔遊戲說明〕 這是一個划船運動。

動作一 動作二 動作三

　請小朋友先坐下來把腳伸直，用兩手輕緩地做划船的身
體延展動作，也可以分別往左、右兩邊划。

〔第15首〕
"打電話"

"打電話"

（一起）一角兩角三角形
四角五角六角半
七角八角手插腰
（問）喂喂喂
你姐姐在不在家
（答）不在家
（問）幾點鐘回來
（答）六點鐘回來
（一起）嘰哩咕嚕
嘰哩咕嚕　打電話

〔遊戲說明〕　這是一個觸拍遊戲。

動作一　　動作二　　動作三

　首先媽媽和孩子對坐，依歌曲節拍內容做拍手的動作，進行到「喂喂喂」時要用單手輕拍對方的肩膀，而在「嘰哩咕嚕」時兩手做轉狀並猜拳。

〔第16首〕

"玩具歌"

"玩具歌"

滴答答　滴答答

我來吹喇叭

娃娃也出來

走走走　小狗汪汪

開汽車嘟嘟嘟

這樣走走

那樣走走　啦啦啦

〔遊戲說明〕　這是一個行進運動。

動作一　　　動作二　　　動作三　　　動作四

媽媽帶領小朋友進行各種行進運動，當然也可以讓孩子依歌詞內容做各種大步、小步、踏步、走停的創意動作。

〔第17首〕
"小小陀螺"

"小小陀螺"

我有一顆轉轉
小陀螺
一不小心掉到
池裡去
小魚兒向他問好
他開心的說嗨
小小陀螺他有了
好朋友

〔遊戲說明〕　這是一個轉身運動。

動作一　　　　　動作二　　　　　動作三

　讓孩子假裝自己是一顆小陀螺，請他用各種方式轉動身體，也可以在地上滾動自己的身體。

〔第18首〕

"大野狼"

"大野狼"

（狼）小羊兒快來
把大門打開
快快開開
媽媽回來
（羊）不開不開
我才不開
你不是我媽媽
不可以進來

〔遊戲說明〕　這是一個親子躲貓貓遊戲。

動作一　　　動作二　　　動作三

　這個遊戲要先設定角色。請先讓小朋友當「羊」、媽媽扮演「狼」，可以用大被單包著小朋友，再進行各種親子遊戲。

〔第19首〕

"小老鼠"

"小老鼠"

小老鼠　上燈臺

偷油吃　下不來

叫媽媽　媽不來

嘰哩咕嚕

滾下來

 〔遊戲說明〕　這是一個走階梯的遊戲。

動作一　　　　　動作二　　　　　動作三

　一邊唸童謠，一邊讓孩子上下階梯，一方面鼓勵孩子自己行走，並訓練他們的腿部肌肉。也可以把孩子抱起來，增加遊戲的樂趣。

〔第20首〕
"我有大頭"

"我有大頭"

大ㄉㄚ 頭ㄊㄡ 我ㄨㄛ 有ㄧㄡ 大ㄉㄚ 頭ㄊㄡ

下ㄒㄧㄚ 雨ㄩ 不ㄅㄨ 擔ㄉㄢ 憂ㄧㄡ

別ㄅㄧㄝ 人ㄖㄣ 下ㄒㄧㄚ 雨ㄩ 都ㄉㄡ 帶ㄉㄞ 傘ㄙㄢ

我ㄨㄛ 大ㄉㄚ 頭ㄊㄡ 都ㄉㄡ 不ㄅㄨ 愁ㄔㄡ

 〔遊戲說明〕　這是一個頭部運動。

動作一　　　　　　動作二　　　　　　動作三

　媽媽可帶領小朋友配合歌曲節奏將頭部左右上下擺動或轉動頭頸，當然速度要慢慢的喔！

〔第21首〕

"小輪車"

"小輪車"

小輪車　有三輪

搖搖擺擺騎得快

小弟弟　踩一踩

轉轉輪子　再踩踩

說 Bye-Bye

說 Bye-Bye

〔遊戲說明〕　這是一個踩轉運動。

動作一　　　動作二　　　動作三

　如果小朋友有自己的小車車，請孩子用小腳踩動它。如果沒有，可以用模擬的方式讓孩子做雙腳抬上、放下的踩轉動作。

〔第22首〕

"不倒翁"

“不倒翁”

說你怪　　你不怪

鬍子一把

樣子像小孩

說你乖　　你不乖

推你倒下

你又站起來

 〔遊戲說明〕　這是一個仰臥起坐的遊戲。

動作一　　　　　　動作二　　　　　　動作三

　媽媽讓小朋友輕推自己的背，做簡易的仰臥起坐動作，只要像「不倒翁」似地倒下又起身即可，也可以和孩子交換動作。

〔第23首〕

"小皮球"

“小皮球”

小(ㄒㄧㄠ) 皮(ㄆㄧ) 球(ㄑㄧㄡ)　香(ㄒㄧㄤ) 蕉(ㄐㄧㄠ) 油(ㄧㄡ)

滿(ㄇㄢ) 地(ㄉㄧ) 開(ㄎㄞ) 花(ㄏㄨㄚ) 二(ㄦ) 十(ㄕ) 一

二(ㄦ) 五(ㄨ) 六(ㄌㄧㄡ)　二(ㄦ) 五(ㄨ) 七(ㄑㄧ)

二(ㄦ) 八(ㄅㄚ)　二(ㄦ) 九(ㄐㄧㄡ)

三(ㄙㄢ) 十(ㄕ) 一

 〔遊戲說明〕　這是一個拍球的運動。

動作一　　　　　動作二　　　　　動作三

　媽媽可以依孩子的身高,準備一個大小適中的皮球,和孩子一起跟著音樂節拍做拍球的運動。

〔第24首〕
"大象"

"大象"

大象　大象

你的鼻子為什麼

那麼長

媽媽說鼻子長

才是漂亮

〔遊戲說明〕　這是一個模擬動物形體的遊戲。

動作一　　　動作二　　　動作三

　讓孩子用左手的拇指及食指捏住鼻子，再用右手穿過左手的手肘圈洞，伸長手臂當作大象的鼻子，再配合歌曲節拍來晃動象鼻。非常有趣喔！

〔第25首〕

“飛機飛”

"飛機飛"

我ㄨㄛˇ 們ㄇㄣ˙ 來ㄌㄞˊ 到ㄉㄠˋ 青ㄑㄧㄥ 草ㄘㄠˇ 地ㄉㄧˋ

伸ㄕㄣ 開ㄎㄞ 雙ㄕㄨㄤ 臂ㄅㄧˋ 做ㄗㄨㄛˋ 飛ㄈㄟ 機ㄐㄧ

起ㄑㄧˇ 立ㄌㄧˋ 蹲ㄉㄨㄣ 下ㄒㄧㄚˋ 彎ㄨㄢ 彎ㄨㄢ 腰ㄧㄠ

飛ㄈㄟ 機ㄐㄧ 飛ㄈㄟ 到ㄉㄠˋ 天ㄊㄧㄢ 上ㄕㄤˋ 去ㄑㄩˋ

 〔遊戲說明〕 這是一個膝部運動。

動作一　　　　　動作二　　　　　動作三

　小朋友和爸爸媽媽可以伸開雙臂,假裝自己是一架小飛機,跟著歌曲四處飛竄、單飛、比翼地飛、邊飛邊轉,這樣的小動作很有趣喔!

〔第26首〕

"火車快飛"

"火車快飛"

火{ㄏㄨㄛˇ}車{ㄔㄜ}快{ㄎㄨㄞˋ}飛{ㄈㄟ}
火{ㄏㄨㄛˇ}車{ㄔㄜ}快{ㄎㄨㄞˋ}飛{ㄈㄟ}
穿{ㄔㄨㄢ}過{ㄍㄨㄛˋ}高{ㄍㄠ}山{ㄕㄢ}
越{ㄩㄝˋ}過{ㄍㄨㄛˋ}小{ㄒㄧㄠˇ}溪{ㄒㄧ}
不{ㄅㄨˋ}知{ㄓ}經{ㄐㄧㄥ}過{ㄍㄨㄛˋ}幾{ㄐㄧˇ}百{ㄅㄞˇ}里{ㄌㄧˇ}
快{ㄎㄨㄞˋ}到{ㄉㄠˋ}家{ㄐㄧㄚ}裡{ㄌㄧˇ}　快{ㄎㄨㄞˋ}到{ㄉㄠˋ}家{ㄐㄧㄚ}裡{ㄌㄧˇ}
媽{ㄇㄚ}媽{ㄇㄚ}看{ㄎㄢˋ}見{ㄐㄧㄢˋ}真{ㄓㄣ}歡{ㄏㄨㄢ}喜{ㄒㄧˇ}

 〔遊戲說明〕　　這是一個火車追跟遊戲。

動作一

動作二

動作三

　　媽媽可以自己當火車頭，帶領孩子這個「火車廂」一同奔馳，當然，若有很多小朋友，也可以將他們串成一串長火車。

〔第27首〕
"胖子瘦子"

"胖子瘦子"

胖（ㄆㄤ）子（ㄗ）　　瘦（ㄕㄡ）子（ㄗ）

小（ㄒㄧㄠ）猴（ㄏㄡ）子（ㄗ）

戴（ㄉㄞ）帽（ㄇㄠ）子（ㄗ）

刮（ㄍㄨㄚ）鬍（ㄏㄨ）子（ㄗ）

切（ㄑㄧㄝ）鼻（ㄅㄧ）子（ㄗ）

米（ㄇㄧ）囉（ㄌㄨㄛ）巴（ㄅㄚ）斯（ㄙ）

 〔遊戲說明〕　這是一個手部遊戲。

動作一　　　動作二　　　動作三　　　動作四

　　依韻文內容，讓孩子發揮自己的創意想像動作，如：唱到「胖子、瘦子」時，可比大和小的動作；唱到「米囉巴斯」時可用兩手相互轉繞，並猜拳。

〔第28首〕

"下雨"

"下雨"

唏ㄒㄧ 哩ㄌㄧ　　唏ㄒㄧ 哩ㄌㄧ

嘩ㄏㄚ 啦ㄌㄚ　　嘩ㄏㄚ 啦ㄌㄚ

雨ㄩˇ 下ㄒㄧㄚˋ 來ㄌㄞˊ 了ㄌㄜ˙

我ㄨㄛˇ 的ㄉㄜ˙ 媽ㄇㄚ 媽ㄇㄚ 拿ㄋㄚˊ 著ㄓㄜ˙

雨ㄩˇ 傘ㄙㄢˇ 來ㄌㄞˊ 接ㄐㄧㄝ 我ㄨㄛˇ

唏ㄒㄧ 哩ㄌㄧ　　唏ㄒㄧ 哩ㄌㄧ

嘩ㄏㄚ 啦ㄌㄚ　　嘩ㄏㄚ 啦ㄌㄚ

啦ㄌㄚ 啦ㄌㄚ 啦ㄌㄚ 啦ㄌㄚ

 〔遊戲說明〕　這是一個執物搖擺遊戲。

動作一　　動作二　　動作三　　動作四

　幫孩子和自己準備小雨傘，依歌曲節拍先讓孩子將傘向上舉，接著左右搖擺，再將傘放在地上，讓孩子左右搖擺雨傘。

〔第29首〕

"頭兒肩膀"
膝腳趾

"頭兒肩膀膝腳趾"

頭ㄊㄡˊ兒ㄦ肩ㄐㄧㄢ膀ㄅㄤˇ膝ㄒㄧ腳ㄐㄧㄠˇ趾ㄓˇ

膝ㄒㄧ腳ㄐㄧㄠˇ趾ㄓˇ

膝ㄒㄧ腳ㄐㄧㄠˇ趾ㄓˇ

頭ㄊㄡˊ兒ㄦ肩ㄐㄧㄢ膀ㄅㄤˇ膝ㄒㄧ腳ㄐㄧㄠˇ趾ㄓˇ

眼ㄧㄢˇ耳ㄦˇ鼻ㄅㄧˊ和ㄏㄢˋ口ㄎㄡˇ

 〔遊戲說明〕　這是一個全身運動。

動作一　　　　　　動作二　　　　　　動作三

　　請小朋友穿著輕便衣服，依歌詞用雙手摸指示的部位，
這樣就能做全身的運動囉！

〔第30首〕

"城門有"
多高

"城門有多高"

城門城門有多高

你說你也不知道

好像三十六把刀

喔滑一跤

〔遊戲說明〕 這是一個模仿過山洞的遊戲。

動作一　　　動作二　　　動作三

　讓兩個小朋友用雙手搭山洞,其他的小朋友都從這個山
洞繞進繞出,當歌曲結束時,搭山洞的人再突然放下山洞
「套住」其中一個小朋友。可以小小懲罰被套住的人喔!

〔第31首〕
"釘子歌"

"釘子歌"

釘子釘鉤

小貓小狗

一把抓住哪一個

嘿嘿嘿（×2）

嘿嘿嘿（×2）

〔遊戲說明〕　這是一個蹲立的遊戲。

動作一

動作二

動作三

　　小朋友們可以分兩隊，一隊是時而蹲下、時而站立的小貓小狗，另一隊則拿著充氣的玩具小軟槌輕敲站立的小動物。記得，要輕輕敲喔！

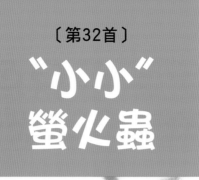

〔第32首〕

"小小"
螢火蟲

"小小螢火蟲"

小小螢火蟲到處飛

飛西飛東不停的飛

身上帶著小燈籠

這邊亮一亮

那邊閃一閃

 〔遊戲說明〕　這是一個躲球的遊戲。

動作一　　　動作二　　　動作三　　　動作四

　找一顆幼兒用的軟式躲避球，將小朋友分兩隊，一隊是飛來飛去、躲來躲去的「小螢火蟲」，另一隊負責輕輕用球丟「小螢火蟲」，看看能丟到幾隻小螢火蟲。

69

〔第33首〕
"魚兒魚兒"
水中游

"魚兒魚兒水中游"

魚(ㄩˊ)兒(ㄦˊ)魚(ㄩˊ)兒(ㄦˊ)水(ㄕㄨㄟˇ)中(ㄓㄨㄥ)游(ㄧㄡˊ)

游(ㄧㄡˊ)來(ㄌㄞˊ)游(ㄧㄡˊ)去(ㄑㄩˋ)樂(ㄌㄜˋ)悠(ㄧㄡ)悠(ㄧㄡ)

倦(ㄐㄩㄢˋ)了(ㄌㄜ˙)臥(ㄨㄛˋ)水(ㄕㄨㄟˇ)草(ㄘㄠˇ)

餓(ㄜˋ)了(ㄌㄜ˙)覓(ㄇㄧˋ)小(ㄒㄧㄠˇ)蟲(ㄔㄨㄥˊ)

樂(ㄌㄜˋ)悠(ㄧㄡ)悠(ㄧㄡ)　樂(ㄌㄜˋ)悠(ㄧㄡ)悠(ㄧㄡ)

水(ㄕㄨㄟˇ)晶(ㄐㄧㄥ)世(ㄕˋ)界(ㄐㄧㄝˋ)真(ㄓㄣ)自(ㄗˋ)由(ㄧㄡˊ)

 〔遊戲說明〕　這是一個拉躺的遊戲。

動作一　　　　　動作二　　　　　動作三

　媽媽和小朋友可以先坐下再手拉手，跟著音樂節拍讓雙手互相拉引，媽媽躺下，孩子坐著，然後交換，反覆動作到音樂結束。

〔第34首〕

"找朋友"

"找朋友"

找找找找

找到一個朋友呀

行個禮啊

握握手呀

笑嘻嘻呀

轉個圓圈

轉個圓圈　再見

轉個圓圈

轉個圓圈　再見

〔遊戲說明〕　這是一個繞尋的遊戲。

動作一　　　　動作二　　　　動作三

　請小朋友圍成一個圓圈坐下，歌曲開始後去尋找朋友，並對應音樂及歌詞做動作。

〔第35首〕

"搖搖搖"

"搖搖搖"

搖_{一ㄠ}搖_{一ㄠ}搖_{一ㄠ}　輕_{ㄑ一ㄥ}輕_{ㄑ一ㄥ}搖_{一ㄠ}

小_{ㄒ一ㄠ}船_{ㄔㄨㄢ}搖_{一ㄠ}向_{ㄒ一ㄤ}外_{ㄨㄞ}婆_{ㄆㄛ}橋_{ㄑ一ㄠ}

她_{ㄊㄚ}給_{ㄍㄟ}我_{ㄨㄛ}大_{ㄉㄚ}年_{ㄋ一ㄢ}糕_{ㄍㄠ}

誇_{ㄎㄨㄚ}我_{ㄨㄛ}好_{ㄏㄠ}寶_{ㄅㄠ}寶_{ㄅㄠ}

 〔遊戲說明〕　這是一個搖搖籃的遊戲。

動作一　　　　　動作二　　　　　動作三

　爸爸媽媽可以用一條結實的被單，將孩子輕輕放在被單中，用力拉緊被單的四個角，小心地拉起並跟著音樂輕輕搖晃，讓孩子有如在搖籃一般。

請注意：請爸爸媽媽務必小心抓緊被單，並且不要太用力搖晃，以免孩子受傷。

〔第36首〕
"躲貓貓"

"躲貓貓"

爸爸來找我
媽媽也快來
我已經躲好了
你猜在哪裡
這邊翻一翻
那邊看一看
原來我已經換了地方躲
快來找我　快來找我
抓到我的時候
大家哈哈笑

 〔遊戲說明〕　這是一個拍走的遊戲。

動作一　　　　　動作二　　　　　動作三

　先讓小朋友躲起來，爸爸媽媽一邊跟著節拍拍手，一邊唱歌尋找小朋友。相反的，小朋友也可以尋找躲起來的爸爸媽媽喔！

〔第37首〕

"小猴子"
笑笑笑

＂小猴子笑笑笑＂

小(ㄒㄧㄠˇ)猴(ㄏㄡˊ)子(ㄗ˙)　　笑(ㄒㄧㄠˋ)笑(ㄒㄧㄠˋ)笑(ㄒㄧㄠˋ)

每(ㄇㄟˇ)天(ㄊㄧㄢ)開(ㄎㄞ)心(ㄒㄧㄣ)不(ㄅㄨˋ)停(ㄊㄧㄥˊ)的(ㄉㄜ˙)跳(ㄊㄧㄠˋ)

你(ㄋㄧˇ)猜(ㄘㄞ)什(ㄕㄣˊ)麼(ㄇㄜ˙)牠(ㄊㄚ)想(ㄒㄧㄤˇ)要(ㄧㄠˋ)

我(ㄨㄛˇ)說(ㄕㄨㄛ)香(ㄒㄧㄤ)蕉(ㄐㄧㄠ)好(ㄏㄠˇ)不(ㄅㄨˋ)好(ㄏㄠˇ)

好(ㄏㄠˇ)不(ㄅㄨˋ)好(ㄏㄠˇ)　　好(ㄏㄠˇ)不(ㄅㄨˋ)好(ㄏㄠˇ)

79

 〔遊戲說明〕　這是一個跑跳遊戲。

動作一　　　　動作二　　　　動作三

先畫好一個房子圖案，再藉由跳房子的方式，讓孩子練習單腳、雙腳跳，並跟著節拍做跳格子的動作。

〔第38首〕

"西西西"

"西西西"

西ㄒㄧ 西ㄒㄧ 西ㄒㄧ

矮ㄞˇ 仔ㄗㄞ 冬ㄉㄨㄥ 瓜ㄍㄨㄚ

斟ㄓㄣ 燒ㄕㄠ 酒ㄐㄧㄡˇ

來ㄌㄞˊ 乾ㄍㄢ 杯ㄅㄟ

叩ㄎㄡˋ 共ㄍㄨㄥˋ 巴ㄅㄚ 切ㄑㄧㄝ

 〔遊戲說明〕 這是一個握手的活動。

動作一

動作二

動作三

　　兩個人先對坐並互握雙手，再把一隻手放在頭上，一手放在下巴，做小冬瓜樣。這還可以進行猜拳遊戲喔！

〔第39首〕
"螃蟹一呀"
爪八個

"螃蟹一呀爪八個"

螃ㄆㄤ蟹ㄒㄧㄝ一ㄧ呀ㄧㄚ爪ㄓㄨㄚ八ㄅㄚ個ㄍㄜ

兩ㄌㄤ頭ㄊㄡ尖ㄐㄧㄢ尖ㄐㄧㄢ

這ㄓㄜ麼ㄇㄜ大ㄉㄚ個ㄍㄜ

眼ㄧㄢ一ㄧ擠ㄐㄧ呀ㄧㄚ脖ㄅㄜ一ㄧ縮ㄙㄨㄛ

爬ㄆㄚ呀ㄧㄚ爬ㄆㄚ呀ㄧㄚ過ㄍㄨㄛ沙ㄕㄚ河ㄏㄜ

〔遊戲說明〕　這是一個臉部表情運動。

動作一　　　動作二　　　動作三　　　動作四

爸爸媽媽和小朋友可以藉歌詞內容，做不同臉部表情，
再配合雙手的動作，一起玩這首有趣的童韻遊戲。

83

〔第40首〕

"炒蘿蔔"

"炒蘿蔔"

炒蘿蔔　炒蘿蔔
切切切
炒蘿蔔　炒蘿蔔
捏捏捏
包餃子　包餃子
捏三塊
包餃子　包餃子
ㄋㄧㄠ三塊

 〔遊戲說明〕 這是一個皮膚觸覺的遊戲。

動作一　　　動作二　　　動作三

　　媽媽先拉著小朋友的一隻手臂，把自己的手當成炒菜的鏟子，在小朋友手掌內翻炒，並在小朋友的手臂由上往下切、捏，也可以搔孩子癢，以刺激皮膚的觸覺。

親子律動
歡樂歌謠

- 社長／許丁龍

- 編輯／風車編輯製作

- 出版／風車圖書出版有限公司

- 代理／三暉圖書發行有限公司

- 地址／221 台北縣汐止市福德一路328巷2號

- 電話／02-2695-9502

- 傳真／02-2695-9510

- 統編／89595047

- 網址／WWW.WINDMILL.COM.TW

- 劃撥帳號／14957898

- 戶名／三暉圖書發行有限公司

- 初版日期／2009年6月